À l'Institut olympique de Lausanne

Paul Reinbold
Pierre de Coubertin

Lausanne, 1917

Édition : BoD · Books on Demand, 31 avenue Saint-Rémy, 57600 Forbach, bod@bod.fr
Impression : Libri Plureos GmbH, Friedensallee 273, 22763 Hamburg (Allemagne)
ISBN : 978-2-3225-5572-7
Dépôt légal : Avril 2025

TABLE DES MATIÈRES

(ne fait pas partie de l'ouvrage original)

—————————

À
L'INSTITUT OLYMPIQUE
DE LAUSANNE

On sait que, sur le désir des autorités, l'Institut olympique de Lausanne a organisé une session en faveur des internés. La première partie de cette session — celle qui était réservée aux officiers et aux étudiants français et belges internés à Lausanne et dans les environs — vient d'être close. Le succès a été considérable. Une série de brillantes conférences auxquelles le public était admis est venue compléter et couronner l'enseignement qui, selon la formule fondamentale de l'Institut et conformément à sa devise : *Mens fervida in corpore lacertoso*, était à la fois intellectuel et musculaire.

La séance de clôture a eu lieu jeudi 12 avril dernier de façon très solennelle, en présence de délégations des divers pouvoirs publics vaudois. C'est au cours de cette séance, qui s'est terminée par une allocution du chef du département de l'instruction publique, M. le conseiller d'État Dubuis, et par les remerciements des internés, exprimés en leur nom par M. le colonel Aubé, qu'ont été présentés les rapports que nous publions ; les premier est un mémoire dont M. le Dr Reinbold a donné connaissance au nom du Comité directeur et qui expose les vues et projets de l'Institut ; le second est une revision de l'enseignement donné au cours de la session. M. Pierre de Coubertin, fondateur et l'un des directeurs des études de l'Institut, en est l'auteur.

I

LE RÉTABLISSEMENT DU GYMNASE ANTIQUE

Les résultats du premier effort accompli par l'Institut olympique depuis sa fondation se traduisent par une série de chiffres intéressants. Au cours de la première partie de la session de 1917 organisée en faveur des internés, il aura été donné 382 leçons d'équitation, 297 de gymnastique, 236 d'escrime, 71 de boxe, 60 de lutte. D'autre part, l'assistance aux cours théoriques se chiffre au total par 388 entrées. Enfin, le public admis à assister aux neuf grandes conférences historiques de la session a retiré à cet effet 941 cartes d'entrée. De tels chiffres constituent un criterium de succès rarement atteint par une œuvre à ses débuts. Nous nous permettons d'y voir un gage d'avenir et, par conséquent, un encouragement précieux.

Ainsi qu'on le rappelait récemment, c'est à l'issue du Congrès de psychologie sportive de mai 1913, — congrès dont l'éminent historien Ferrero prononça la harangue inaugurale et auquel participa par correspondance Théodore Roosevelt, — que fut décidée la création à Lausanne d'un Institut olympique.

Il s'agissait, dans la pensée des initiateurs, de provoquer le rétablissement du gymnase antique sous une forme moderne et de préparer à l'institution ainsi restaurée des dirigeants aptes aux délicates fonctions qui leur incomberaient.

Le gymnase antique fut un foyer de paix sociale parce que, dans l'ordre familial, il assura le contact de la jeunesse, de l'âge mur et de la vieillesse et que, dans l'ordre civique, il groupa les citoyens autour du plus parfait des égalitarismes : l'égalitarisme sportif. Il fut, d'autre part, un foyer d'harmonie pédagogique parce qu'il appela à une collaboration féconde les arts et les lettres, l'hygiène et le sport. Un tel contact et une telle collaboration vont être désormais plus nécessaires qu'ils ne le furent jamais. Quels que soient en effet les fondements encore inaperçus de l'édifice qui va s'élever sur les ruines de l'ancien ordre de choses européen, tout le monde est d'accord pour concevoir comme indispensable à la solidité de cet édifice une étroite coopération des bonnes volontés. Ce qui caractérisait l'effort d'hier, c'était l'émiettement ; malgré cela des résultats appréciables avaient été obtenus. À constater de quelle manière l'armature de la civilisation individualiste a tenu sous l'orage, on doit reconnaître quelque exagération dans les propos de ses détracteurs. Il n'en est pas moins certain qu'en face de besoins nouveaux qui vont se dessiner des solutions sociales nouvelles, ainsi qu'il en a toujours été au lendemain des grands événements historiques. La démocratie prochaine, si elle veut durer, devra chercher dans l'organisation simultanée de l'entr'aide et de la concurrence le fondement de sa prospérité ; à l'effort émietté va succéder l'effort coordonné.

Le gymnase antique sera par excellence le temple de l'entr'aide et de la concurrence. C'est là que la force et l'idée, l'individu et la société se rencontreront pour s'appuyer ou se heurter : agitation normale qui est comme la condition du progrès humain.

Ce ne sont pas seulement ces lois générales qui nous inclinent à chercher un principe de vie dans le retour à une institution d'une valeur déjà éprouvée. C'est aussi la notion de la lutte à soutenir contre un fléau que l'antiquité ne connut point : l'alcoolisme. « On n'aura raison du cabaret qu'en le remplaçant, proclamait dernièrement l'un d'entre nous[1], qu'en suscitant en face de lui un établissement plus puissant que lui. L'homme ne va chercher au cabaret ni l'ivresse ni la distraction. Il y va d'instinct chercher le *dételage*, car dételer est une nécessité physique pour tout travailleur. Or le dételage humain, pour être complet, exige trois choses : un changement de lieu, un changement d'attitude, un changement de préoccupation. On ne dételle pas efficacement dans l'endroit où l'on vient de travailler, ni en gardant la position et en continuant d'accomplir les gestes du travail. »

S'il est permis d'adresser un reproche aux sociétés anti-alcooliques, c'est de s'être insuffisamment intéressées aux sports. Alors qu'il est prouvé que les milieux vraiment sportifs demeurent indemnes et qu'il existe une sorte d'incompatibilité physique entre l'entraînement et l'alcool, on se demande pourquoi ceux qui en combattent les ravages ont tant tardé à faire appel à leur plus puissant allié.

Telles sont, en raccourci, les raisons qui militent en faveur d'une restauration du gymnase antique.

À Lausanne, dès les premiers jours, les visiteurs de l'Institut se sont trouvés en présence d'un gymnase en plein fonctionnement. Lorsqu'en quittant la grande salle de Montbenon, où venait de leur être faite une conférence sur les « Phases de la vie du globe » ou sur les « Étapes de la civilisation égyptienne », ils apercevaient, à travers les portes vitrées de la rotonde décorée de fleurs, les jeunes auditeurs du cours précédent luttant, le torse nu, sous la direction d'un maître émérite ; lorsqu'ils croisaient dans le vestibule à colonnes des escrimeurs sortant d'une leçon de pédagogie sportive ou de géographie commerciale, n'était-ce pas une vision ancestrale qui soudain se levait devant eux, le rappel d'une époque équilibrée où l'exercice physique mêlé aux spéculations de l'esprit liait fortement ensemble les générations présentes et activait le zèle de tous à servir la cité ?

Ne nous laissons pas toutefois dominer par des évocations architecturales ou philosophiques. Ni la splendeur des portiques, ni la présence de l'orateur en vogue ne furent des éléments essentiels. Les gymnases se sont élevés d'ailleurs que dans les villes opulentes ; les modestes bourgades en possédaient, et ceux-là ne furent vraisemblablement ni les moins fréquentés ni les moins influents.

Voici donc ce que nous nous proposons d'accomplir : au sein de la commune, cellule sociale, faire naître « un lieu où, sous des formes simples et n'entraînant point à de grandes dépenses, voisineront l'enseignement, le sport, l'hygiène, l'art, et où fréquenteront jeunes gens, adultes et vieillards, les uns pour agir, les autres pour voir et entendre, tous pour sentir et comprendre. » Il était indiqué que Lausanne, siège du Comité International Olympique, prît la tête d'une semblable entreprise et possédât en quelque sorte l'École normale de cette branche renouvelée de la pédagogie générale. À vrai dire, l'Institut demeure indépendant du Comité international. C'est une œuvre vaudoise et à laquelle nous entendons conserver ce caractère. Mais, quand même, cette œuvre représente bien un nouvel échelon de la renaissance olympique. L'olympisme, formule humaine tendant à assembler en un faisceau radieux tous les principes concourant au perfectionnement de l'homme, aspiration vers la force, l'intelligence, la droiture et la beauté !... Quiconque a assisté depuis vingt ans dans les stades d'Athènes, de Londres ou de Stockholm aux pompes fastueuses des Olympiades modernes a compris aussitôt ce qu'il est malaisé d'exprimer par des paroles : à savoir la valeur d'une pareille recette d'énergie individuelle et d'eurythmie collective. Que la guerre, loin d'entraver le mouvement, lui ait apporté un renfort de vigueur et des adhésions nouvelles ne fait qu'en souligner l'opportunité.

Mais il ne suffit pas que resplendisse l'Olympiade quadriennale. Il importe plus encore que, dans la modestie de l'existence quotidienne, tous, sans distinction de castes, puissent recevoir les bienfaits de la culture olympique.

C'est à quoi nous tendons. Cette première session a confirmé et même dépassé tous les espoirs du Comité directeur de l'Institut. Les sessions suivantes permettront d'autres expériences ; les plans déjà conçus ou en voie d'exécution rendront de plus en plus dense autour de nous la cohorte bienveillante de nos collaborateurs et de nos amis.

1. ↥ « Ceci tuera cela. » *La Revue* de mars 1917. Paris.

VUES D'ENSEMBLE SUR LES CONFÉRENCES DE LA SESSION DE 1917

Si vous avez eu pitié, Messieurs, des conférenciers qui, presque tous, se succédant à cette tribune, ont exprimé leur embarras d'avoir à condenser en une heure l'exposé de vastes ensemble historiques, quelle ne devra pas être votre indulgence envers moi, lorsque m'incombe la tâche de réunir en une vision générale encore plus brève l'essence de ce qui s'est enseigné à l'Institut pendant cette première partie de la session de 1917 ?

Aussi bien ne tenterai-je pas une pareille analyse dans le sens strict du mot. Je crois mieux faire en évoquant simplement quelques sommets, quelques sites entrevus au passage. Ce seront, si vous le voulez bien, comme des impressions de voyage à travers un monde d'idées.

Des cours proprement dits, j'extrairai peu de chose. Je ne veux mentionner les leçons d'hygiène et d'anatomie données par le Dr Cérésole et le Dr Reinbold que pour les remercier et louer la façon dont ils ont su rendre accessibles à des auditeurs novices en la matière des sujets que leur complexité scientifique risquait de faire paraître rébarbatifs. Par son cours d'histoire des exercices physiques, le Dr Messerli nous a rappelé, tant en évoquant l'athlétisme grec et la chevalerie du moyen âge qu'en esquissant les figures contemporaines d'un Jahn, d'un Ling et d'un Arnold, le rôle que joue dans les destins nationaux la force acquise dans les jeux virils. Cette leçon est demeurée si longtemps oubliée que les peuples ont bien de la peine à la rapprendre. La force de la cité, disait l'adage romain, est faite des forces additionnées de chacun de ses citoyens. Volontiers on commente ces mots célèbres, mais toujours dans le sens figuré ; prenons-les dans le sens propre. C'est ainsi qu'il faut les entendre et les mettre en pratique. Donc, si vous voulez, messieurs, que la Suisse de demain soit puissante, veillez à accroître le capital musculaire de ses fils.

C'est là déjà de la « pédagogie sportive. » Ces deux mots se sont trouvés accolés pour la première fois : sujet d'enseignement dont je ne saurais préciser les frontières, tant ces frontières sont multiples et compliquées. La pédagogie sportive intéresse l'entendement, le caractère et la conscience, la famille et la société, l'art et la colonisation, la psychologie et la philosophie. C'est un domaine immense et presque inexploré : permettez-moi seulement de vous remettre — avec deux mots d'explication — la clef du portail.

Les résultats sportifs aboutissent à des chiffres ou à des faits. Vous sautez telle hauteur ou telle largeur ; vous faites à la course tant de mètres en tant de secondes ; vous nagez ou vous ramez telle distance en tant de minutes, voilà pour les chiffres. Vous avez monté tel cheval connu pour ses défenses, vous avez fait telle ascension réputée pour ses difficultés ; vous avez doublé tel escrimeur ou matché tel boxeur, voilà des faits. Mais cette limite qui est en lui et qu'il ne pourra franchir, l'homme l'ignore. Il y a une hauteur que ses sauts ne dépasseront jamais ; d'avance il ne sait pas laquelle. Il y a un temps au-dessous duquel sa course de mille mètres ne s'abaissera pas ; il ne le connaît pas au juste. Ce maximum et ce minimum sont déterminés par ses capacités physiques coefficientées par ses qualités morales : c'est en s'efforçant laborieusement, opiniâtrement, qu'il arrivera à les découvrir et à les posséder. Ainsi, d'une part, des sanctions d'une rigueur quasi mathématique, de l'autre, pour y atteindre et s'y maintenir, l'effort libre, volontaire, persévérant. La conclusion est que le sport dépose dans l'homme des germes — mais des germes seulement — de qualités intellectuelles et de qualités morales : coup d'œil, jugement, sang-froid, maîtrise de soi, modestie, etc. Ces diverses qualités demeureront-elles occasionnelles et localisées autour de telle ou telle forme d'exercice habituellement pratiquée, — cela est fréquent — ou bien se répandront-elles dans toute la personnalité pour la bronzer et la viriliser tout entière ? Magnifique point d'interrogation qui se pose devant l'éducateur.

Comment s'y prendra-t-il ?... Si vous voulez le savoir, venez suivre le cours, la prochaine fois.

La vieille géographie des golfes, des caps et des chaînes de partage n'est plus étiquetée d'une manière conforme aux caractéristiques du temps présent. Si même les leçons du lieutenant Trystram n'avaient pas été remarquables par l'élégance impeccable du langage et la riche coloration des exposés, elles eussent marqué par la nouveauté de la division. Océans, voies navigables, chemins de fer transcontinentaux, voilà un triptyque qui eût paru hier encore très incomplet, trop spécial et dans lequel la guerre semble avoir soudainement fait rentrer tout ce qu'il importe de connaître.

J'en arrive maintenant au bloc des neuf grandes conférences historiques. C'est, comme, vous en souvenez, M. le professeur Lugeon qui les a inaugurées en présence de S. E. l'ambassadeur de France qu'entouraient les autorités municipales et cantonales, le recteur de l'université, les chefs militaires, les consuls étrangers… Permettez que je saisisse l'occasion d'ouvrir une parenthèse pour dire à tous notre gratitude. La présence ce jour-là de M. le syndic Maillefer, de M. le conseiller d'État Chuard, l'assiduité de M. le colonel Bornand et de M. le recteur Chavan, sans oublier celle de M. le ministre du Brésil et de M. le maréchal Hermès da Fonseca, nous ont vivement touchés. Et aujourd'hui, messieurs, c'est avec les mêmes sentiments que nous saluons les représentants du Tribunal fédéral, du Conseil d'État, du Grand Conseil, du Conseil communal. Nous avons le sentiment que, de plus en plus, s'imposent l'appréciation de la valeur intrinsèque de notre œuvre et aussi la conviction du rôle qu'elle peut être appelée à jouer au point de vue des intérêts lausannois et de la prospérité de cette belle cité.

Ce qui doit subsister en nous, messieurs, après avoir entendu M. Lugeon, c'est la notion que la stabilité planétaire dont nous jouissons est une pure apparence. Malgré que les hommes *sachent* que cela n'est pas exact, ils imaginent inconsciemment les âges géologiques comme une langue pose de décors pour la représentation dont ils sont, eux, les acteurs. Mais non ! Ce lent et incessant machiniste qu'est la nature n'a jamais usé des changements à vue et son travail ne s'interrompt point. En savant doublé d'un artiste, M. Lugeon a su persuader notre imagination, et, pour ma part, je n'avais jamais aperçu la Tethys, cette gigantesque méditerranée préhistorique, non plus que les montagnes fantômes qui relièrent l'Amérique à l'Europe, comme l'orateur a su me les montrer. Les ayant *vues* à travers son éloquence, combien mon esprit accepte plus volontiers cette vérité qu'un océan ou une chaîne de montagnes sont des phénomènes fugitifs dans la vie du globe ! Sans doute, de pareilles données qui font des myriades de siècles l'équivalent d'un instant de notre existence, ont quelque chose de terrifiant. Elles font passer en nous le frisson cosmique. Mais le frisson cosmique est chose salutaire et la pédagogie gagnerait à y recourir plus fréquemment. Il est effrayant peut-être d'apprendre à nos enfants qu'après tout la vie organisée ne représente qu'une brève période de « moisissure » à la surface d'un astre entre les périodes bien plus longues de la formation ignée et de la matière morte : il est plus effrayant encore d'indiquer que les astres vivants sont en quelque sorte des accidents au milieu de l'espace immense qu'emplissent le vide, le silence et l'obscurité. Mais tout cela ne conduit-il pas à la notion de l'étendue indéfinie de l'univers, c'est-à-dire au seul point où notre humanité se heurte, d'une façon pour ainsi dire *tangible*, à l'incompréhensible ? Or être physiquement certain de l'existence de quelque chose que nous ne pouvons pas comprendre, c'est, messieurs, recevoir à la fois une leçon de modestie et une leçon d'espérance. C'est pourquoi j'ai toujours demandé que l'astronomie fût considérée comme le grand vestibule obligatoire de tout effort éducatif vers la connaissance ou la compréhension.

En écoutant M. le professeur Millioud, précisément, je me prenais à penser combien la société humaine évolue à la façon de l'astre qui la porte. Car la terre, tout en tournant toujours de la même manière, ne se retrouve jamais au même endroit. Ainsi en est-il de l'histoire. Cités pacifiques et empires de proie, césarisme et monarchie contrôlée, oligarchie et démocratie, et l'on pourrait presque ajouter laïcisme et théocratie, se sont remplacés les uns par les autres à travers les temps historiques, se ressemblant juste assez pour nous inviter à la prudence, mais jamais assez pour nous servir d'exemples et de modèles de façon absolue. En sorte que si l'on veut se servir de l'histoire comme d'un guide (et, dans nos démocraties modernes, ce guide est vraiment le plus sûr à qui puissent se fier gouvernants et gouvernés) il y faut apporter une dose presque égale d'esprit de tradition et d'esprit de nouveauté. À mesure que M. Millioud déroulait devant nous, avec son habituel talent d'évocation, les péripéties successives de la civilisation générale, la similitude et la dissemblance des événements et des situations s'affirmaient avec une curieuse insistance. N'oublions jamais que les sentiers dans lesquels nous passons ont été déjà parcourus et que, d'autre part, nous nous y engageons à une heure différente et dans des conditions différentes aussi, au point de vue de l'allure et du bagage. Par là pouvons-nous profiter des expériences ancestrales sans risquer de négliger l'ambiance présente.

La croyance en l'immobilité de l'âme égyptienne est une vieille habitude d'esprit ; on s'est si obstinément représenté l'Égypte sous les traits des grandes statues qui siègent hiératiques et immuables au sein des temples ! Depuis longtemps cependant l'égyptologie, dont M. le professeur Gustave Jéquier est un des plus éminents représentants, a substitué à cette vision erronée quelque chose de plus précis et de plus humain. Comme toutes les sociétés civilisées, — et celle-là le fut à un haut degré, — la société égyptienne a beaucoup cherché et beaucoup évolué ; elle a reçu et elle a donné ; elle a créé et elle a transformé. Son prétendu isolement et sa prétendue stagnation n'ont jamais existé. Les Égyptiens ont connu le féodalisme et la démocratie, le droit divin et les castes sacerdotales, mais tout cela sous des modalités originales qui compliquent la tâche de l'historien anxieux de pénétrer leur mentalité. Gardons de la belle leçon qui nous fut faite le souvenir de la courbe aux trois sommets qui dessine l'existence accidentée de l'ancienne Égypte : trois fois ses chefs ont su la conduire dans les voies de la prospérité et de la splendeur et l'y maintenir de façon durable, et trois fois la détente des ressorts intérieurs ou la menace agressive du dehors l'ont abattue.

Après l'université de Neuchâtel, que représentait M. Jéquier, l'université de Fribourg nous a apporté un précieux concours en la personne de deux de ses plus distingués professeurs, M. Zeiller et M. de Labriolle. M. Zeiller, sous le titre : *De la cité grecque à l'empire byzantin*, nous a présenté en réalité tout le panorama du monde ancien. Là encore, messieurs, la tyrannie des manuels pèse sur nous. Nous apprenons la Grèce et Rome comme s'il s'agissait de puissances successives et distinctes. En fait, l'hellénisme a vécu bien avant la république romaine et bien après l'empire romain. Il englobe et surmoule, si l'on peut ainsi dire, l'épopée latine ; il est l'ornement du fameux édifice romain, et quand les barbares d'Occident ont, presque malgré eux, jeté bas cet édifice, lui, retiré vers l'Orient, y survit bien longtemps encore. En nous rappelant qu'Alexandre le Grand, qui fut en réalité le roi des Hellènes, a porté l'hellénisme jusqu'au bassin de l'Indus et au plateau de l'Asie centrale, en sorte qu'« on a parlé grec en Bactriane, aux pieds du Pamir, et que, plusieurs siècles après Alexandre, on représentait encore chez les Parthes les tragédies d'Euripide », en nous rappelant que des six capitales de l'empire romain, Constantinople, Alexandrie, Antioche, Rome, Carthage et Lyon, les trois premières ont été jusqu'au bout des foyers helléniques d'une extraordinaire puissance d'irradiation, en nous rappelant enfin que l'empire grec dit byzantin a duré mille ans, ce qui n'aurait pu être le cas s'il n'avait comporté que des éléments de décadence, M. Zeiller a posé dans nos mémoires les jalons d'une vue de l'antiquité classique plus conforme à la réalité que celle qu'on nous avait donnée au collège.

Toute cette culture antique faillit sombrer avec la morale imparfaite et inégalitaire qu'elle servait. Il n'y a point de doute qu'on soit redevable à l'Église d'en avoir sauvé les plus riches épaves. Mais, après avoir loué de saint Jérôme à Cassiodore les instigateurs de ce bienfait, M. de Labriolle, dans sa conférence : *Culture antique et christianisme*, a été heureusement inspiré de détourner un moment notre reconnaissance des rives de la Méditerranée pour faire une juste part dans le mérite du sauvetage aux moines d'Irlande et d'Angleterre, dont l'action est si souvent laissée dans l'ombre. Cela dit, il faut convenir que ce n'est pas en général l'enthousiasme pour les lettres grecques et latines qui incita les écrivains sacrés. Beaucoup d'entre eux, sinon la plupart, obéirent à des mobiles moins limpides. M. de Labriolle ne l'a point célé. Et sans doute, s'il en avait été autrement, le sauvetage eût-il été plus complet. Tel qu'il est, il vaut que le monde moderne s'incline avec une gratitude sincère devant ceux qui l'ont accompli.

Au moment où échoue définitivement la dernière tentative pour établir en Occident une hégémonie impériale, il est particulièrement intéressant de suivre à travers les âges cette survivance de l'idée romaine qui a sans doute encore plus contribué à troubler l'Europe qu'à la façonner. Avant Charlemagne on peut dire que les peuples occidentaux étaient comme en « mal d'empire. » D'une restauration césarienne ils attendaient un retour de cette *pax romana* perdue depuis tant de siècles. C'est pourquoi ils acclamèrent l'empire franc qui ne dura pas un demi-siècle et ensuite l'empire saxon qui en dura trois et qui, vaincu à Bouvines dans ses ambitions temporelles et humilié à Canossa dans ses prétentions spirituelles, ne put, malgré la valeur d'un Othon, d'un Barberousse ou d'un Frédéric II, s'établir définitivement. Plus tard Charles-Quint, plus tard encore Napoléon touchèrent momentanément à la réalité de ce pouvoir exorbitant dont le désir a intoxiqué de nos jours des cerveaux moins robustes. C'est la portion moyen-âgeuse de cette histoire sur laquelle s'est principalement arrêté M. le professeur Rossier, décrivant de la façon la plus claire et la plus vivante la longue querelle des papes et empereurs. Elle était en germe dans le couronnement même de Charlemagne et dans l'initiative prise ce jour-là par le pontife. Les « investitures » lui donnèrent une forme tangible. Les deux autorités luttèrent pour s'asservir et n'y parvinrent que passagèrement. Le résultat évident fut de les affaiblir l'une par l'autre.

Ces temps sont passés et ne reviendront plus. C'est une voix d'Amérique précisément qui a confirmé solennellement sur ce point le verdict de l'Europe libérale. Ce Nouveau-Monde qui émerge ainsi de façon brusque dans la conduite des affaires mondiales passait à tort pour n'être qu'un assemblage hétéroclite de financiers et de commerçants. Je serais heureux, messieurs, si j'avais pu chasser de vos esprits cette notion peu digne d'y séjourner. J'ai tenté de vous montrer la puissance de l'ambition rénovatrice autour de laquelle se sont formés les États-Unis et par laquelle s'explique toute leur histoire. Le désir de créer l'État chrétien modèle, désir qui fut l'idéal honnête et modeste des pèlerins du *Mayflower* et ne les préserva point d'ailleurs de verser à leur tour dans l'intolérance et la persécution, se mua après la fondation des premiers États continentaux (Kentucky, Ohio, Tennessee), après l'acquisition de la Louisiane et la guerre contre le Mexique, en une aspiration de plus vaste envergure. Il ne s'agissait pas seulement d'utiliser et de fertiliser les immenses territoires dont le traité de Guadalupe Hidalgo assurait la possession à la jeune république, mais d'y former une société de liberté et de justice capable de régénérer l'univers. Et, le mysticisme aidant, les Américains se prirent à espérer la seconde venue du Christ qui choisirait le

Nouveau-Monde pour y parachever son œuvre. Ce fut la guerre de Sécession qui vint, crise formidable où la conscience l'emporta sur l'intérêt et d'où les États-Unis sortirent mûris pour leur mission future. D'abord timide essaimage européen vivant comme en exil sur les côtes de l'Atlantique, bientôt puissance continentale grisée par son brusque agrandissement et l'ampleur de ses nouveaux destins, désormais nation pondératrice acceptant sa part de responsabilité dans la politique universelle, voilà les trois actes d'un beau drame.

J'ai divisé différemment le drame sud-américain : un prologue, la civilisation précolombienne avec ses grandeurs, ses mystères et ses étrangetés. Le premier acte est celui de la découverte et de la conquête, acte bref, puisque les trente premières années du 16me siècle y suffisent ; puis viennent — second acte — trois cents ans de domination et d'exploitation espagnoles. Le troisième acte est celui du grand effort émancipateur (1810 à 1826) dont les acteurs sont Bolivar, Miranda, Sucre, San-Martin… Un quatrième acte long et décevant s'ouvre ensuite ; la querelle des fédéralistes et des unitaires y allume des guerres civiles nombreuses en même temps que des convoitises territoriales y jettent les peuples les uns contre les autres ; l'Argentine et le Brésil se disputent l'Uruguay et finissent par renoncer à l'asservir. Ces trois États associés abattent et ruinent le Paraguay. La Colombie et l'Équateur se disputent des provinces côtières. Le Chili, qui était venu au secours du Pérou attaqué par l'Espagne, lutte contre lui et contre la Bolivie pour les gisements de salpêtre jusque-là mitoyens, et la Bolivie vaincue cesse d'avoir accès à l'océan. Puis cette effervescence s'apaise ; l'arbitrage répand ses pratiques bienfaisantes. Par la révolution brésilienne de 1889 qui met fin au long et respectable règne de Dom Pedro II, la victoire est définitivement acquise au régime fédéraliste et le cinquième acte commence, celui de l'organisation, du progrès, de la richesse et de la liberté. Au cours de ces études j'ai tâché de vous expliquer les étranges contradictions qui handicapèrent les empires aztèque et chibcha et celui des Incas. J'ai quelque peu atténué la part de responsabilité qui revient à la couronne d'Espagne dans les traitements infligés aux indigènes, je vous ai rappelé ces belles traversées des Andes qui illustrèrent les campagnes libératrices de 1817 et de 1819, enfin j'ai réclamé pour ces annales sud-américaines défigurées par de vulgaires et faciles ironies l'honneur d'un enseignement scolaire impartial et complet.

Nous voici, messieurs, au bout de notre voyage à travers les résultats d'une tentative encyclopédique qui passait pour imprudente. Elle a trouvé parmi les professeurs de vos universités ses meilleurs artisans ; ils étaient trop modestes en vérité d'hésiter sur le seuil et vos applaudissements chaleureux le leur ont prouvé. Les vues générales sont une des nécessités de l'ère présente. Il y a à cela divers motifs de la plus haute portée. On me demandait l'autre jour d'exposer les principes et les aspirations de l'école néo-encyclopédique. L'occasion s'en trouvera peut-être quelque jour. Pour aujourd'hui j'ai suffisamment abusé de votre attention.

Je ne devrais pas cependant m'en tenir là, car il y a toute une portion de l'enseignement sur laquelle il serait convenable de faire porter aussi notre analyse. Je n'ai rien dit de l'enseignement musculaire qui vient d'être donné sous nos auspices. Ne seriez-vous point capables de goûter, après les aperçus géologiques ou les récapitulations historiques, quelques réflexions sur les aspects et les mérites respectifs de l'escrime du fleuret et de celle du sabre, ou bien sur la méthode américaine de boxe opposée à l'anglaise, ou bien encore sur les rapports du style et de la vitesse pour la nage en *outrigger* ?... On m'assure qu'il y en a parmi vous, messieurs, à qui ces choses sont étrangères. Je n'y veux point croire, mais, comme l'heure s'avance, nous ferons l'expérience l'année prochaine. Et d'ici là, ne manquez pas de méditer sur cette parole que nous léguèrent les anciens : *Homo sum et nil humani a me alienum puto*, ce qui doit se traduire ainsi : « Je veux être un homme complet et rien de ce qui fortifie et virilise l'humanité ne doit m'être inconnu. »

PIERRE DE COUBERTIN.